Martina Arnold

Seelen - Spuren

Gefühls - Gedichte

Für alle liebenden Frauen
und alle Frauen,
die ich mal geliebt habe

Auf den Spuren meiner Seele

Gedichte über Gefühle

Martina Arnold

erotisch, entflammend, einfühlsam, ernüchternd, exzentrisch, extrem, ehrlich

Das Schöne entsteht,
wenn man der Form
den Glanz
des Unendlichen verleiht.

1. Auflage
© 2024 Martina Arnold
Verlag: BoD · Books on Demand GmbH,
Überseering 33, 22297 Hamburg, bod@bod.de
Druck: Libri Plureos GmbH, Friedensallee 273,
22763 Hamburg
ISBN: 978-3-8192-6303-3

Inhaltsverzeichnis

Vorwort

Die Aufgabe der Liebe

Die Anziehung zwischen zwei Menschen,
sie hat nur die Aufgabe,
einen jeden stärker zu sich zu führen,
zu individuellen Entwicklungsschritten,
seelischer Reife, hin zu einem größeren Ganzen,
zu mehr Menschlichkeit, Gemeinsinn, Toleranz und
Altruismus.
Die Erotik und der Sex dienen in lustvoller Weise dem
Ziel, diese Bewusstheit zu erlangen und durch den
Liebenden, eigene Blockierungen zu lösen, neue Wege
zu beschreiten, überholte Verhaltensweisen abzulegen,
und vor allem: Neue Fantasien und Wege zu wagen.
Verwundet und gleichzeitig sensibler durch Amors
Pfeil, gelingt es im Stadium des Verliebtseins und der
Liebe, über sich hinauszuwachsen und dem Göttlichen
und damit seiner ureigenen Bestimmung näher zu
kommen.
(Nov. 2007)

Von der Weisheit lernen

Sie ist nicht nur klug, sondern auch vernünftig,
ihre Gedanken sind an ihr Herz angeschlossen,

deshalb ist sie nicht nur verkopft,
ihre Worte beruhen auf Erfahrungen und
Erkenntnissen.
Sie weiß, dass sie manchmal unverständlich und
arrogant wirkt,
doch manchmal will sie es auch,
ihre Worte und Gedanken geben ihr Schutz und
Sicherheit,
da, wo alles ins Seichte abdriftet,
wo früher Geborgenheit fehlte,
sie als Kind oft allein sein musste,
ohne Mutter, - allein im Internat,
vergrub sie sich in ihre Gedanken, weiter nichts.
Sie saß oft stundenlang allein auf einem Baum,
hörte dabei auf ihre Stimme und betete,
ohne an den Gott der Kirche zu glauben,
sondern nur sich selbst vertrauend.
Hier bekam sie Kraft, Zuspruch, Liebe und
Geborgenheit,
die ihr so sehr fehlte,
allein, einsam und verlassen, wie sie sich fühlte.
Manchmal sang sie,
so trocknete sie ihre Tränen.
Sie schrieb Tagebücher,
das befreite sie,
später Bücher,
Texte wurden ihre ständigen Begleiterinnen,
von ihnen konnte sie nicht enttäuscht werden,
nicht verletzt,

nicht ausgegrenzt,

weil sie anders war,

sich in eine Mitschülerin oder eine Lehrerin verliebt
hatte.

Sie entdeckte die Vielschichtigkeit der Gefühle,

die sich in Worten und Bildern wunderbar ausdrücken
ließen.

So fing sie an zu dichten und zu reimen,

tauchte ein in ihre Gedanken- und Gefühlswelt,

aus die sie niemand mehr vertreiben konnte,

keine Erzieherin, keine Mitschülerin, und erst recht
nicht ihre Mutter.

Getrieben von ihren leidenschaftlichen Gefühlen,
fliehend

vor ihren Verlustängsten und ihrer Einsamkeit,

vor den Ausgrenzungen und Spott der anderen,

fand sie hier ihre Kraftquelle, ihren Trost, - ihre
Zuflucht.

Sie lernte schnell,

dass das Einzige,

auf das sie sich wirklich verlassen konnte,

in ihr selbst lag,

in ihren Gedanken, Gefühlen und Erkenntnissen.

Aus Büchern lernte sie,

dass Größe und Weisheit aus Leid erwächst,

und sie wollte weise werden.   (2007, mit 48 J.)

Meine Gedichte 1974 - 2007

Mein erster Kamerad: Eckhart (1974, 15 J.)

Ungewaschen, ungekämmt, stand er da im Unterhemd,
und flößte meiner Mutter ein,
mit mir Silvester, das wär fein.
Meiner Mutter kam dies sehr gelegen, da ihr Verlobter
kam aus Schweden.
Mich hatte er nicht gern dabei, wegen seiner ewigen
Sauferei.
Also, meinte meine Mutter helle, Du gehst doch mit
ihm, gelle?
Was sollt ich machen, was soll ich tun,
ich folgte meiner Mutter, - nun.
Es war nicht so furchtbar wie ich dachte,
da er dauernd seine Späße machte,
gleich ist es zwölf meinte er voll trunken,
und war erneut in meinen Armen versunken.
Ich natürlich, auch nicht mehr ganz nüchtern,
fing an ihm lieb ins Ohr zu flüstern.
Doch schließlich wurd es mir zu bunt,
da er mich küsste auf den Mund.
Um 12 Uhr dann, wir schmissen wacker,
viele, viele bunte Kracker.
Wir tranken Sekt und sehr viel Wein,
und schauten in den Himmel rein.

Da küsste er mich gar nicht schüchtern,
auf meine rosaroten Nüstern.
Ich erschrak jedoch ein wenig,
da seine Zunge ganz schön lehmig.
Um 2.00 Uhr wir dann voll besoffen,
auf allen vieren nach Hause krochen.
Mutter tat gar sehr erstaunt
Und war dann ziemlich missgelaunt.
Ihr Verlobter gähnte wie immer träge
Und meinte: Traudl, bitte lass die Schläge.
Und seit den damaligen Zeiten,
lasse ich mich von Eckhart Andres leiten.

Meine Englischlehrerin (März 1975, 16 Jahre)

Wenn ich sie sehe,
und vor ihr stehe,
strahlen mich an ihre Zähne,
weiß wie Perlen,
besonders im Sommer,
wenn grünen die Erlen.
Ihre kritstall-blauen Augen glitzern so lieblich in der
Sonne,
ich ganz geblendet, beschaue sie mit Wonne.
Wenn sie dann hektisch schmeißt ihre Tolle zurück,
bin ich ganz von ihr verzückt.
Und dann, wenn sie lässt spielen ihren Charme,
legt sie meine Sinne lahm.

Wenn ich lausche ihren süßen Worten,
sehe ich sie an verschiedenen Orten,
wenn sie dann haucht in die Klasse hinein,
„Nächstenliebe, die muss einfach sein“,
glaube ich nur an das Schöne in der Welt,
und an sie, die allen Menschen das Leben erhält.

Der schwermütige Herbst (1977, 18 Jahre) (im Internat Schloss..)

Ich sitze hier im Wald und träume,
vor mir stehen die halbgrünen Bäume,
die Eicheln sie fallen ohne Rast,
von diesem und von jenem Ast.
Ich spür es, ich fühl es, der Herbst ist da,
ich will es nicht glauben, und doch ist es wahr.
So schnell sind die Jahre vergangen,
mit ihr schöne und traurige Stunden,
die Schulzeit sie naht sich dem Ende,
mit ihr eine neue Lebenswende.
Ich will es nicht glauben und doch ist es wahr,
ich spür es, ich fühl es, sie ist schon ganz nah.
Wer weiß, was diese Zeit bringen wird?
Die Zukunft ist ungewiss,
und doch lebt man in ihr,
Stunden, Minuten, Sekunden.

Gedicht an meine Mutter (1978, zu ihrem 60sten Geburtstag) (20 J.)

Neun Monate lang trugst du mich,
zäh unter deinem Herzen,
und endlich im Winter gebarst du mich,
unter nie zu vergessenden Schmerzen.
Dein ganzes Leben, so sagtest du dir,
willst Güte und Liebe schenken nur mir.
Es war nicht leicht neben täglicher Müh,
die Lasten zu tragen von spät bis früh,
und ganz ohne Mutter, Vater und Mann,
mich zu begleiten ein Leben lang.
Du sprengtest Ketten moralischer Zunft,
besiegtest Spießer mit deiner Vernunft,
kämpftest ständig für Dich und für mich,
und ließ Dein Geschäft Dich auch oftmals im Stich.
Nie hast du den Mut verloren,
zu ringen, zu kämpfen mit neuen Sorgen.
Es rollten dir Steine sehr oft in den Weg,
doch du hast sie immer neu weggefegt.
Getrieben im Strome von Freud und Leid,
vergaßest du mich nie und warst allzeit bereit,
Dein Aug, Ohr und Herz mit frischem Elan,
zu richten auf unsre gemeinsame Bahn.
Es folgten dir viele, die einst nicht den Mut,
sie sagen, Du machtest die Sache sehr gut.
Sie wollten es auch, wie Du, allein schaffen,

13

und würden die Leute auch noch so gaffen.
Hierfür ach Mutter dank ich Dir,
dass Du mit als Erste auf diesem Revier,
hast bitte gekämpft mit aller Kraft,
und endlich bewiesen unsre so streitige Frauenmacht.
(Für Mutti zu ihrem 60sten Geburtstag und zum Einzug
in ihr Penthaus 1979)

Die Kundin der Firma Edelmodelle Riese

Eines Tages sagte ich mir:
„Besuch doch mal wieder die Messe in Halle vier".
Dort stehen sie, ich will sie mal loben,
die weltbekannten Edelmoden.
Ich kaufte mir dort letztes Jahr einen grün-genoppten
Mantel
Und ein freches Cape –Kostüm.
Auf Männer wirke ich jetzt sexy und gar ungestüm.
Mein eigener Mann ging laufen,
denn ich wollte mir auch noch einen Poncho bei der
Firma Riese kaufen.
Sein Bankkonto leerte ich nämlich willig,
denn die Sachen bei Rieses sind nicht billig.
Am Stand bediente mich die Chefin höchstpersönlich,
bewunderte meinen Schmuck,
doch zeigte sich bei fehlender Anzahlung ziemlich
unversöhnlich.
Dieses Jahr riet sie mir zu einem Hut,

sie meinte, er stünde mir echt gut.
Und da sie sowieso aufhören wollte,
bemerkte sie ganz nebenbei,
sei der Preis doch einerlei.
Ich wollte einen Hut, passend zu meinem
grüngenoppten Mantel,
doch Frau Riese entschied keck und munter,
dieser hier ist zwar lila, doch dafür geh ich mit dem
Preis extrem runter.
Der Hut stand mir eigentlich nicht schlecht,
doch zu meinem grüngenoppten Mantel wirkte er
irgendwie unecht.
Ich sagte, ich wolle es mir nochmal überlegen,
„Was denn", entgegnete Frau Riese, „konnte ich sie
noch nicht überreden?"
Ich fragte dann schüchtern nach dem Preis,
als ich ihn hörte, wurde ich weiß.
Frau Riese bemerkte meine Blässe und sagte:
„So warten sie doch nicht bis zur nächsten Messe"
„Für sie, gnädige Frau, als meine besonders treue
Kundin,
gebe ich einen Sonderrabatt,
noch Hundert Mark weniger, dann ham´se aber watt.
Frau Riese nahm bei mir maß,
da der lila Hut noch nicht saß.
So kam ich an den Hut der Firma Riese.
Bei der Reklamation meldete sich Frau Friese.
„Mein Hut ist zu eng", schrie ich recht laut.
Am anderen Ende wurde gekaut.

15

„Nun mal langsam", vernahm ich ein Schmatzen,
„Sagen Sie mir erstmal ihre Kundennummer, Frau Watson."
So kaufte ich diesen lila Hut von meinen letzten Kröten,
mein Mann war ja eh flöten!
Der Hut passt zwar immer noch nicht richtig,
doch find ich die Farbe jetzt auch nicht mehr wichtig.
(29. 2. 1987 zu Muttis Geschäftsauflösung vor allen
Angestellten und Heimarbeiterinnen und
Verkäuferinnen vorgetragen.)

Meiner Mutter

Jahre sind vergangen, wir blicken zurück,
vieles hat sich verändert, Stück um Stück.
Ich habe mich innerlich wachsen gesehen,
hab zu lieben gelernt,
Beziehungen einzugehen.
Doch eins lass dir sagen und behalte es gut,
du allein gabst mir dazu den Mut.
Ich wäre nicht das, was ich heute bin,
ohne deine Kraft, deine Geduld, deinen Lebenssinn.
Dein Geist führte mich durch mein Leben,
auch warst du nicht da, so fühlte ich ihn daneben.
Hatte ich den Mut sehr oft schon verloren,
war einsam, unterdrückt, ausgebrannt und leer,
so stärktest du mich durch deinen Elan,

und ebnetest mir wieder die Lebensbahn.
Es ist nicht ganz leicht für dich zu versteh'n,
eine andere Frau neben dir noch zu seh'n.
Wie es auch kommen mag und bereits schon ist,
ich bleib deine Tochter,
die dich niemals darüber vergisst.
Bin glücklich so wie ich bin,
und hält die ganze Welt es auch für Unsinn.
1988 (Mutti zum 69sten Geburtstag) Ein Jahr später ist
sie gestorben, mit 70.

Meine alte Schule (9.6.1979, zu Besuch in meinem ersten Internat und der Schule)

Wie stehst du da nach so vielen Jahren,
zerfallen sind deine Gemäuer,
zerbrochen deine Scheiben.
Erinnerst du dich noch an mich?
Genau hier kauerte ich,
vor vielen, vielen Jahren.
Ob traurig, froh, wild und gespannt,
du sahst stets alles mit an.
Oft hab ich gefleht,
dann wieder gelacht,
doch nie hätt ich mir ausgedacht,
dass ich jetzt wieder hier sitze,
und dich mit ganz anderen Augen betrachte.
Vergessen sind die verbotenen Spiele,

verflogen der Taumel der ersten Liebe.
Zurück bleibt nur die Erinnerung,
getränkt mit Sehnsucht für eine Zeit,
die in der Vergangenheit verbleibt.
9.6. 79 (20 J.)

Lebensziele (1979, 20 J., an der Uni)

Du bist frustriert,
ziehst dich zuück,
suchst nach ´nem neuen Lebensglück,
entzündet, entbrannt, neu aufgetankt,
ist um dich herum nichts mehr interessant,
siehst wieder nur noch dies eine Ziel,
verfällst in den neuen Lebensstil,
entdeckst auch hier mit der Zeit die Fehler,
Fanatiker, eingefahren auf toten Gleisen,
Skeptiker, die auf die Vergangenheit verweisen,
Du, die du auf die Zukunft hoffst,
Kritik ist hier nicht gefragt,
Ignoranz nicht am Platze,
und jedes Aufrütteln vergebens,
Du bist frustriert, ziehst dich zurück,
suchst nach ´nem neuen Lebensglück.

Ein Gedicht für Frauen (1979) 20J.

Frauen, kommt her und zeigt eure Macht,
steht auf und bekennt euch zu eurer Frauenschaft.
Singt Lieder von alten vergangenen Zeiten,
in denen ihr ließet von Müttern euch leiten.
Kommt her, bezeugt euer Frauentum,
verschüttet unter langjährigem Kampfesruhm,
von Männern und ihren erschaffenen Göttern,
reißt nieder und bekennt euch zu ihren Verspöttern.
Entdeckt wieder neu auf unserem Weg,
was seit 2000 Jahren vom Patriarchat weggefegt.
Erkämpft eure so streitige Macht,
in unserer patriarchalen Herrschaft.
Wandelt sie um in eine Kraft,
der lebensrettenden, zukünftigen Frauenmacht.
Ohne Kriege und ohne Gewalt,
gebt dem Leben neuen Gehalt.
Schafft ab die Päpste, Bischöfe und Pfaffen,
die in jeder Frau 'ne Hexe ergaffen.
Schafft ab die Richter, Ärzte und Pächter,
die sich benehmen als Frauenverächter.
Schafft ab die Playboys, die Chauvis, die Affen,
die meinen, mit euch nur 'ne Nummer zu machen.
Schafft ab die Macker, Popper und Punks,
die prahlen mit ihren Eiertanks.
Schafft ab die möchte gern Spritzer und Schieber,
die rumficken wie im Malaria-Fieber.

Schafft ab die Witwer und graumelierten Herrn,
die eure Beine mit Blicken verzehr'n.
Schafft ab die Bürokraten-Hengste und Bullen,
die von Frauen sprechen als von alten Schatullen.
Schafft ab die Fetzer, Studenten und Linken,
die glauben, Frauen müssten sich schminken.
Schafft ab die Softies und großspurigen Wanzen,
die behaupten, sie verstünden uns Emanzen.
Schafft ab die Fußball-Fans, Teeny-Stars und all jene Macker,
die schimpfen und schreien: Mother-Fucker.
Denn diese Männer, das will ich betonen,
sollen Frauen für immer verschonen.
Hier gilt es sich aufzulehnen gegen die Knechtschaft,
in der von Männern besetzten Herrschaft.
(1979 20 J.) (Für alle Frauen und Anne)

Die stählerne Uni   (20 J., 1979)

Ach, wenn ich dir begegne, in dieser Betonfabrik,
wo alles in Bewegung ist,
wo jeder so geht, als wüsste er wohin,
so strebt, als wüsste er wofür,
so lebt, als ginge es ihm gut,
und seine Meinung als die wahre vertritt,
da nur sie ihm einen Sinn zum Leben noch gibt,
in dieser Umgebung,
man glaubt es kaum,

gilt das Wort Liebe alsbald nur als Traum,
als Illusion, so fern und weit,
da es zerredet lang und breit,
immer und immer neu durchdiskutiert,
von diesem nur als solches polemisiert,
von jenem nebenbei praktiziert,
und vom letzten immer von vorn analysiert.
Man will die Erkenntnis empirisch, statistisch,
wissenschaftlich belegt,
hiernach wird gestrebt und gestrebt,
und doch,
ergebnislos abgelebt.

Vielleicht   (1979) (20J.)

Vielleicht werden wir uns eines Tages wiedertreffen,
und haben das Gestern längst vergessen.

Vielleicht wird es einen neuen Anfang geben,
und wir erneut im siebten Himmel schweben.

Vielleicht werden wir diesmal klüger sein,
und lassen Umwelt Umwelt sein.

Vielleicht werden wir uns zueinander bekennen,
und nicht mehr vor unseren Gefühlen wegrennen.

Vielleicht werden wir unsere Liebe als Liebe erkennen,

und nicht erst wieder nachdem wir uns trennen.
Vielleicht wird die Zukunft bald Gegenwart sein,
noch ehe der Herbst bricht herein.

Vielleicht wird dies durch einen Zufall bedingt,
der keiner mehr ist, noch ehe es beginnt.

Vielleicht ist auch unser großes Glück,
dass wir nie mehr finden zueinander zurück.

Dann würde vielleicht unser junges Leben
einen ganz anderen Anspruch erheben.

Vielleicht würden neue Leidenschaften so stark
entbrennen,
und unsere Seelen gleich mit verbrennen.

Vielleicht würden wir abermals am Leiden zerbrechen,
um uns einander neu zu versprechen.

Vielleicht gäbe es wieder Höhen und Tiefen,
bevor wir für immer auseinander liefen. (1979)

Lesbenland (1979, Für Sub-Frauen 20 J.)

Samstagabend, es ist soweit,
noch eben schminken, dann bin ich bereit,
 mein Herz beginnt schon wieder zu flattern,

schnell ins Auto und dann losrattern.
Musik dröhnt mir entgegen,
Leiber, die sich dazu bewegen.
Lachende, traurige, gespannte Gesichter, blicken
geschwind umher,
viele von ihnen fühlen sich leer.
Sie kommen, um ihr Glück zu erhaschen,
und wollen es noch am Abend vernaschen.
Sie fühlen sich wohl oder entspannt,
unsicher oder gar abgebrannt.
Wollen vergessen, oder neu beginnen,
versuchen zu träumen oder nachzusinnen.
Alle entfliehen sie aus einer Welt,
die Illusionen noch aufrecht erhält.
Sie haben genug von Trug und Schein,
hier können sie ganz sie selbst nur sein.
Sie lassen sich leiten von ihren Gefühlen,
und sitzen gebannt auf ihren Stühlen.
Manche allein, hilflos, forschend und suchend,
manche zu zweit und innerlich blutend.
Die Zeit ist um, es wird schon hell,
alles bricht auf, der Abschied geht schnell.
Frau fährt nach Hause und wartet gespannt,
auf den nächsten Samstag im Lesbenland. (10.6.1979)

Neuer Versuch? (1979)

Du hast Angst, neu Deine Gefühle zu zeigen,

beim ersten Mal ging es noch ohne Furcht,
offen, ehrlich, optimistisch und frei.
Dabei wurde dir weh getan,
Du fühlst noch heute den Schmerz.
Um eine Erfahrung reicher,
bist du nun ablehnend, pessimistisch und gehemmt.
Du hast Angst, aufs Neue enttäuscht zu werden,
willst vorbeugen,
und hättest gerade dieses eine Mal Glück.

Amerika (6 Monate durch Amerika, 1979, 1980)

Amerika, du weites Land,
ich seh dich an und bin gebannt,
welch verschiedene Lebensweisen,
hab ich durch meine Reisen,
hier bei dir erkannt.
Du birgst so viele Möglichkeiten: Offenheit,
Gefälligkeit und Toleranz,
doch auch Verschlossenheit und Ignoranz.
Die Menschen, sie leben ohne Rast,
ganz wie es ihnen selbst nur passt.
Sie eilen und lungern,
oder sind am verhungern,
sie lieben und hassen,
oder kämpfen in Massen.
Du kannst suchen, was immer du willst,
so leben, wie du zu leben dir vorstellst,

hast du gar einen besonderen Tick,
du wirst ihn hier finden, mit wenig Geschick.
Denn hier hat jede extra Schrulle,
ihre dazu passende Schatulle.
Beim Wandeln durch dein Kabinett
Findet jeder ein passendes Bett,
und sei es auch nur im Slum und Dreck,
dort nimmt es ihm wenigstens keiner mehr weg.
Amerika, wie ich dich liebe, wie ich dich hasse,
in dir kreuzt sich zwar jede Rasse,
ob Schwarz, ob Weiß, ob Rot ob Gelb,
doch allen geht es hier ums Geld.
Sie stechen, schießen, töten und schlachten,
weil sie das als das Höchste erachten.
Wo bleibt der Geist, die Humanität,
wenn sie verebbt bei der Majorität?
Sie sind am Kämpfen mit aller Kraft,
nur um das Eine: Macht, Macht, Macht.
Bald wird es kommen, werd ich mich freun,
dann wird es sie ganz bitter reuen. (1979, 20 J., nach
Besichtigung des World Trade Centers in New York)

Liebe als Selbstaufgabe? (3.11. 1980 für Anita, ich 20, sie 40 J.)

Gibt es etwas Schöneres auf Erden,
als lieben und geliebt zu werden?
Dort kamst du gegangen,

und ich ließ mich fangen.
Tauchte so tief und lang in dir ein,
trat wieder hervor,
und konnte nicht mehr ich selber sein.
Es ist so schwer zu frieren,
und sich nicht im anderen zu verlieren,
sich an sich selbst zu orientieren,
trotzdem den anderen zu respektieren,
und nicht schließlich zu onanieren.

Die erste Liebe (3.11. 1980) Für Anita

Die erste Liebe, man nimmt sie noch auf,
ohne Schutz und ohne Hornhaut.
So leicht ist Frau verletzt, verwundbar, von Tränen
erfüllt,
hoffnungs- und vertrauensvoll schmiegt man sich an,
wie Watte so weich,
versteht die Spiele der Liebe noch nicht,
kennt weder die Regeln von Macht, noch von Pflicht.
Noch weiß man, dass diese ganz leicht zerbricht.
Merkt auch nicht, das schleichende Netz der
Gewohnheit,
in welches man sich verstrickt,
kennt keine Besitzansprüche,
kein Misstrauen, erzeugt von Enttäuschungen,
kein Lügen, erzeugt von Wahrheiten.
Erfüllt von erster auflodernder Leidenschaft,

vorher nie gespürter Wärme,
schwebt und treibt man dahin,
wie ein unbemanntes Raumschiff im All der Gestirne,
umgeben nur von der Aura des Anderen,
ohne Gefühl für Raum und Zeit,
ohne eigenen Kompass,
ziellos, machtlos, steuerlos, willenlos, besinnungslos.

Verliebt   (1981, Für Dagmar)

Einen Augenblick nur haben wir uns gesehen,
da war es auch schon um uns geschehen.
Unser Leben änderte sich in Sekunden,
Vergangenes hatten wir schnell überwunden.
Kein Zufall, sondern geplant und ausgedacht,
war unser Schicksal von einer höheren Macht.
Wie flogen dahin und die Welt stellte sich uns so dar,
wie sie in Wirklichkeit niemals war.
Die Zeit, sie blieb stehen, es war alles so nichtig,
was uns vorher ungeheuer wichtig.
Wir konnten nur noch uns in ihr sehen,
lachende Augen, verklärte Gesichter,
wir stiegen höher und höher hinauf,
verloren die Boden
uns schlugen ganz heftig auf.
Zerbrochene Herzen, schmerzverzerrte Gesichter, und
eine Erfahrung reicher,
bewegen wir uns langsam weiter,

bis zum nächsten Sturz von der Himmelsleiter.

Für Dagmar, eine unerwiderte Liebe (Sommer 1982)

Ich will dich halten, ohne dich zu erdrücken,
dich wärmen, ohne dich zu verbrennen,
dich umarmen, ohne dich zu berühren.
Dich nähren, ohne dich zu ertränken,
dich spüren, ohne dir zu nah zu sein,
dich lieben, ohne dir dein Selbst zu nehmen.

Aufgewacht (für Dagmar, Sommer 1982)

Ich möchte mit dir träumen,
unter ewig grünen Bäumen,
mit dir lachen,
und jeden morgen mit dir aufwachen,
mit dir spazieren gehen,
Luftschlösser bauen und diese besteigen,
mit dir verreisen und nie mehr wiederkommen.
Mit dir vergehen, und mit dir gemeinsam in die
Zukunft sehen,
mit dir kochen, mit dir waschen,
willst du mich immer noch verarschen?

Unerfüllte Träume (für Dagmar Sommer 1982)

Es ist nicht der Schmerz, der mich traurig macht,
es ist nicht der Anfang, der noch nicht begonnen hat,
und dennoch ständig fortschreitet,
und mich stärker macht,
es ist die allumfassende Zärtlichkeit,
die nicht fordert,
nicht besitzen will,
keine Eifersucht kennt,
da sie weiß, dass nur sie allein siegt,
weil sie nicht siegen will.

Die wachsende Zuneigung (Für Dagmar, 17.7.1982)

Zuerst war es nur Kameradschaft,
genährt von einem wohligen Gefühl,
sich mit der anderen gedanklich auszutauschen.
Dann wurde es Freundschaft,
getragen von einem stärkeren Gefühl der geistigen
Verwandtschaft.
Plötzlich war es platonische Liebe,
verbunden durch ein vertrautes Band,
der Seele der anderen nah zu sein,
die erwächst aus dem Wunsch,
den Geist mit dem Körper zu vereinen,
mit der Gewissheit, den anderen in seinem ganzen
Umfang lieben zu können.

Liebe und Hoffnung (für Dagmar, Sommer 1982)

Es sind nicht deine Hände, die über mein Haar
streichen,
und mir jedes Mal einen Stich versetzen,
es sind nicht deine Worte, die sich nur auf sie beziehen,
und mich traurig machen,
es sind nicht deine Blicke, die nur ihr folgen, und mich
unbeachtet lassen,
es sind nicht deine Küsse, die nur ihre Lippen berühren,
und die meinen verbrennen lassen,
es ist meine Hoffnung, mein Gefühl zu dir, was mich
warten lässt,
verbunden mit der Angst, dass deine Hände eines Tages
über mein Haar streichen,
deine Worte sich auf mich beziehen,
deine Blicke den meinen folgen,
deine Gedanken um meine kreisen,
deine Küsse meine Lippen suchen,
meine Seele sich für immer in deiner verlieren könnte.

Liebesschmerz

Plötzliches Erwachen,
es tut so schrecklich weh,
es ist wie ein Sommer ohne Sonne und ein Winter ohne
Schnee.
Man entfernt sich in einem Augenblick,
und weiß, es gibt kein Weg mehr zurück.

Man versucht es zu leugnen und nicht zu sehen,
klammert sich an Worte,
doch kann ihren Inhalt schon nicht mehr verstehen.
Verzweifelt fließen die Tränen,
wie bei einem reißenden Fluss an seiner stärksten
Strömung.
Jeder Schrei geht unter, jeder Mensch ertrinkt,
jedes Tier versinkt.
Doch gibt man die Hoffnung nicht so leicht auf,
einen Ast zu finden, oder einen lebensrettenden
Strauch.
Der Körper erzittert, die Seele erbebt,
man sieht nur den Abgrund, vor dem man jetzt steht.
Die Stimmung, sie wechselt ihr Kleid,
wie die kommende Jahreszeit.
Man fühlt deutlich den Wechsel ihrer Gewänder,
sieht sich in Augenblicken ferner Länder.
Der blühende Baum schaut auf uns nieder mit all seiner
Pracht,
die Erde hat uns wieder, wir schöpfen wieder Kraft.

(Nach der Trennung von Dagmar B. 1981) (Sie hatte ein
halbes Jahr mit mir in meinem Apartment mit gewohnt, ich
habe mich in sie verliebt, sie aber nicht, eine unerwiderte
Liebe)

Für Christa

Leidenschaftliche Liebe   (Oktober 82)

Ich hab dich lieb,
so glaub mir nur,
es ist nicht bloß deine äußere Statur,
es ist dein Lachen,
dein Blick,
dein Gang,
es sind deine Hände,
es ist dein Gesang.
Es ist deine Aura, die ich ganz tief in mir spüre,
nicht nur dann, wenn ich dich berühre.
Die Energie, sie ist so stark,
dass ich nicht weiß, wie ich sie ertrag.
Das Licht in unseren Augen,
Sekunden des Glanzes,
ein Augenblick zeitlose Freude, Wärme, Glück,
dann kehren wie wieder in die Wirklichkeit zurück.

Spiel mit der Liebe (Für Christa)

Du spielst gern,
es ist Deine Art,
ich spiele mit,
weil ich Dir erlag.

Du bestimmst den Einsatz,
ich akzeptiere ihn
du stellst die Regeln auf,
ich akzeptiere sie.
Dieses Mal hast du gewonnen,
vielleicht gewinne ich das nächste Mal,
mit einer anderen Frau,
die meinen Regeln erlag.

Verständigungsschwierigkeiten (Für Christa Oktober 1982)

Ich höre deine Stimme.
Nein, ich glaubte, deine Stimme gehört zu haben.
Oder hörte ich deine Worte mit einer anderen Stimme?
Nein, ich hörte deine Stimme und erdachte mir dazu die
passenden Worte.
Nein, ich hörte Stimmlaute, die ich mit deiner Stimme
in Verbindung brachte,
und versuchte deinen Code mit meiner Hörfähigkeit zu
dechiffrieren.
Verstand ich, was du sagen wolltest?
Und wusste ich, was du wirklich gesagt hast?
Noch dazu, was du zu sagen vermocht hättest, wenn ich
dich verstanden hätte?

Sicherheit (1983 Für Christa)

Du verabscheust die Sicherheit,
weil du glaubst, eingeengt zu werden,
Du hasst die Sicherheit, weil du denkst,
dich verpflichten zu müssen.
Du willst keine Sicherheit,
weil sie dich festlegt,
du gibst keine Sicherheit, weil du deine
Entscheidungen ändern möchtest.
Als du mich fragtest, ob ich in meiner Liebe zu Dir
sicher sei,
wolltest du da wirklich ein sicheres JA?

Frust (Für Christa, 1983)

Manchmal wünsche ich mir,
mit Dir zu träumen,
doch ich glaube, unsere Träume würden sich
versäumen.
Manchmal wünschte ich mir mit Dir zu fliegen,
doch du würdest mich auch in der Luft besiegen.
Manchmal wünschte ich mit Dir zu spaßen,
doch ich weiß, ich sollte es lieber lassen.
Manchmal wünschte ich mich ganz nah bei Dir,
doch wünschtest du es auch, wärest du jetzt hier.
Manchmal wünschte ich dich für immer um mich zu
haben,

doch schon der Gedanke,
Du könntest ihn nicht ertragen.
Ich würde dir 1000 Mal „Ich liebe Dich" sagen,
doch ich weiß, ich dürfte dich nicht danach fragen.

Der Traum (1.7.1983)

Heute Nacht habe ich von Dir geträumt,
es war ein langer intensiver Traum.
Du sagtest; Nein, als ich dich fragte, ob du mich noch
liebst, und wandtest dich ab.
Ich möchte wissen, was du in derselben Nacht gemacht
hast, als ich von Dir träumte.
Ob Du mir Deinen Entschluss telepathisch vermittelt
hast.
Ich werde es wohl nie erfahren.
Denn seit dem Traum habe ich kein Lebenszeichen
mehr von Dir gehört.

Sichere Unsicherheit

Vielleicht hast du recht,
noch ist mir deine unsichere Sicherheit lieber als deine
sichere Unsicherheit
des nebeneinander her Lebens,
wenn die Beziehung zur Gewohnheit erstarrt,

und damit zur sicheren Unsicherheit der eigenen
Gefühle für den anderen.
Und doch kommt der Zeitpunkt, dann würde ich aus
Sicherheitsgründen die sichere Unsicherheit gegen eine
Unsichere Sicherheit des Zusammenlebens eintauschen
wollen.

Sicherheit und Ungebundensein Für Christa 1.7. 83

Ich weiß, wie du fühlst,
du sagst nichts,
doch ich weiß,
wie du fühlst,
in einer Nacht sprachst du im Traum zu mir,
und verlangtest einen Liebesbeweis,
du wolltest Sicherheiten, ohne deine Sicherheit
aufzugeben,
fragtest, ob ich in meiner Liebe zu dir sicher sei,
doch ließest mich selbst in Unsicherheit zurück.
Du gabst mir in unserer Beziehung eine unsichere
Sicherheit,
die ich gerne einer sicheren Unsicherheit vorziehe,
die du mit einer anderen teilst.

Seelische Wunden

Seelische Wunden, geschlagen durch Dummheit,
Eigennutz und Rücksichtslosigkeit.

Seelische Wunden, geschlagen durch Haltlosigkeit,
Untreue und Leichtsinn.
Seelische Wunden, blutend, schmerzhaft, eiternd, und
nur langsam heilend.
Seelische Wunden, die erst langsam verkrusten,
und erst mit der Zeit wieder in Annäherung,
Wärme und Offenheit übergehen,
zurück bleiben Narben, die anfangs durch Erinnerungen
aufreißen,
schließlich von anderen Erlebnissen überlagert werden,
um endlich in tiefere Hautschichten zu verschwinden.
(für Christa 1982)

Leben für den Augenblick

Es ist nicht der Augenblick,
dem ich mich bewusstlos hingebe, ohnmächtig, ohne
Macht, machtlos,
es ist nicht der Augenblick, den ich sinnlos verschenke,
weil ich nicht an ein Morgen glaube.
Es ist nicht der Augenblick, den ich verehre, weil
meine Liebe nur von kurzer Dauer wäre,
es ist nicht der Augenblick, den ich genieße, weil mich
Sinnlichkeit treibt,
es ist der Augenblick, weil er die einzige Wirklichkeit
ist,
die Zukunft durch ihn Gegenwart wird,
und diese ihn als Vergangenheit zurücklässt.

1987 für Christa, kurz vor ihrem Einzug zu mir, oder danach.

Paradiesblume (Für Christa)

Ich möchte Dir eine Blume sein,
die es nicht gibt:
Immer schön,
immer duftend,
immer frisch,
jedem Wind und Wetter zum Trotz.
Doch stehe ich oft da
Mit zerzausten Blütenblättern,
lasse manchmal den Kopf hängen,
und werde auch verwelken.
Und du magst mich so. (Christa hat hinter das Gedicht
geschrieben: JA) ca. 1995

Geborgenheit (Für Christa, 23.12. 1995)

Du rufst mich,
ich höre Deine Stimme.
Vertrautheit, Nähe, Geborgenheit,
durchwaltet meine Seele.
Deine Stimme, mehr als ein Ruf,
ein Hall aus ewigen Zeiten,
ein wärmendes Feuer,
das nie verlöschen kann,
eine Dankbarkeit,

die inniglich unsere Verbundenheit widerspiegelt.
Ein Blick von Dir,
und ich tauche ein,
in die tiefsten Schichten meines Seins
und des Universums.
Deine Berührung,
eine Rückkehr zu unserem Ursprung,
Deine Liebe,
ein Wiederfinden des Gleichmuts und der Gewißheit
unserer gemeinsamen Aufgabe.

(Weihnachten 1995, Deine C.)

Verletzung des Herzens (Für Christa, zum 17. Mai
2002, dem Todestag von Mutti)

Ich will nicht, dass du es vergisst,
aber dass du mir vergibst.
Du aber kannst mir nicht verzeihen,
weil du spürst, dass ich nicht alles bereue.
Deine Worte, sie treffen mich hart,
nur so kannst DU mich verletzen, - bis ins Mark.
Es ist eine Wunde,
und sie wird immer bleiben,
wie soll ich es beschreiben?
Du sagst, wir hätten uns nicht mehr entwickelt,
dafür war ich zu sehr mit Waltraud verwickelt.
Du und ich, wir haben uns beide zu oft gestritten,

aneinander gelitten.
Es ist, so glaube ich, mein Herz,
ein niemals mehr endender Schmerz.
Doch das gilt für beide Seiten,
früher und für alle Zeiten.

Für Dich   (Für Waltraud, 1992)

Glück ist,
in die fröhliche, charmante Kindlichkeit Deines
Lachens einzutauchen,
erfrischt wieder emporzusteigen,
und die Weichheit deiner Seele in Deinen Augen zu
erkennen.
Glück ist,
Deinen weichen Körper zu fühlen,
Dich langsam zu entdecken und mit Dir,
Deine und meine Weiblichkeit zu neuen Formen
heranzubilden.
Glück ist,
in Dein beherrschtes, vernünftiges und gefasstes
Gesicht zu blicken,
welches uns schützt vor den Augen der anderen,
die uns verraten könnten,
in der Gewissheit,
dass es bald wieder die fließenden, weichen Formen
annimmt,
die ich so sehr an dir liebe.

Glück ist,
die hingebungsvollen Küsse von Dir zu genießen,
die mich immer nur noch durstiger machen.
Glück ist,
die sanften, echten Formen deines Charakters zu
ergründen,
die unter den Augen einer Liebenden,
den eigenen Wert besser zu zeigen wagen,
und die dann
in den schönsten Farben Dein Innerstes erstrahlen
lassen.
Glück ist,
von einer Wage der Spannung getragen zu werden,
und sich auf all das zu freuen,
was die Göttin für uns noch bereit hält. (Mai 1992)

Dein Lachen (Für Waltraud)

Dein Lachen,
sphärischen Himmelsglocken gleich,
klingt es an mein Ohr,
und öffnet meine Seele für neue Dimensionen.
Dein Lachen,
ein lieblicher Gesang, Engelszungen gleich,
versetzt es mein Herz in eine andere Stimmung,
und klingt in mir ewiglich nach.
Dein Lachen,
unbeschwert, leicht und melodisch,

bahnt es sich sanft wie das Wasser,
einen Weg zu meiner Seele,
und verzaubert mich für immer.
Dein Lachen,
ein plätschernder Bach,
rinnt leicht und behende dem Tal entgegen,
und beleuchtet in Windeseile
die blühenden Lippen fruchtbarer Hochebenen. (Juni
1992)

Dein Feuer (Für Waltraud)

Ich will der Sauerstoff sein,
der dein Feuer auflodern lässt,
in den Flammen erstrahlt deine wilde Lust.
Deine erotische Funken sprühen,
Deine fordernde Leidenschaft züngelt gierig dem
Fleisch entgegen.
Ich tauche ein in deine Wollust,
und fühle unsere heißen Säfte
auf unseren Körpern verdampfen,
wünsche mir nur eins:
Von deinem Feuer gelöscht zu werden.
Ich schreie, nein, ich brülle wie ein Löwe. –
Die Glut deines Feuers hat mich zu Asche versengt.
(Juni 1992)

Dämmerung (Für Waltraud, Juni 1992)

Wenn ich in der Dämmerung in deine Augen schaue,
sehe ich,
wie sich der Mond in dem klaren Schwarz Deiner
Pupillen spiegelt,
ich glaube, in sanfte Rehaugen zu blicken,
und plötzlich
legst du mir weiche, anschmiegsame, fast zerbrechliche
Muscheln in meine Hände,
die ich langsam abtasten darf.
Auf deinen Augen liegt ein undurchsichtiger Schleier,
der das Licht in kleine glitzernde Funken verwandelt,
die bei jeder Bewegung
als wild-flatternde Schmetterlinge
die Tiefen meines Bauch Chakras erreichen. (Juni
1992)

Kosmisches Band

Wir begegneten uns,
und hatten uns zunächst nicht erkannt,
spielerisch begannen wir mit unserer Liebe,
dann erst fühlten wir uns verwandt,
angerührt durch ein kosmisches Band.
Jetzt pflegen wir unsere Liebe,
erkunden unsere Triebe,
doch wissen wir um eine höhere Macht,

die durch sie hindurch wirkt,
und uns neu erschafft.
Der Weg, er liegt vor uns und führt durch ein Tor,
doch noch stehen wir nur staunend davor.
Das Tor ist so offen, es ist so weit,
bald gehen wir hindurch,
denn wir sind zu zweit,
sind so verwundbar, verletzlich, so zart,
der Weg, er hat Steine und ist manchmal recht hart.
Es begleitet uns eine innere Stimme und flüstert ganz
leise:
„Ihr werdet es schaffen",
mögen die Leute auch noch so gaffen.
Fest gehen wir voran,
Stück um Stück,
ganz bewusst lassen wir den steilen Abhang hinter uns
zurück.
Unsere Strecke ist köstlich und schmerzlich zugleich,
doch eins wissen wir sicher,
sie macht uns innerlich reich.
Eines Tages, es dauert nicht mehr lange,
wirst du gesund und entdeckst in dir,
Deine noch schlafende Schlange.
(nach einem Seminar in Mülheim mit Waltraud, 14.3. 1993)

Eines Tages (Für Waltraud, 29.4. 1993)

Ich habe Angst,
dass Du mit mir redest,

und eines Tages,
klingen Deine Worte hohl,
dass Du mir scheinbar zuhörst,
und eines Tages
denkst Du längst an eine andere.
Dass Du mich umarmst,
und eines Tages,
fühlst du keine Schmetterlinge mehr in deinem Bauch.
Dass Du mich küsst,
und eines Tages,
gefrieren meine Lippen unter Deinen zu Eis.
Dass Du mit mir schläfst,
und eines Tages,
bleibt Dein Körper kalt,
Du hast Dich entfremdet,
und eines Tages,
spüre ich eine Kluft zwischen uns,
dass du neben mir gehst,
und eines Tages,
bist du innerlich weggetaucht,
ohne dass ich es merke,
dass Du uns was vorspielst,
und eines Tages,
wachen wir beide auf,
Du sagst, dass es Dir leid tut,
und eines Tages,
sagen wir adieu. –
Es war wirklich eine schöne Zeit,
doch jetzt ist sie Vergangenheit.

Erwachsen werden (Für Waltraud) 20.5. 2002

Das Rauschen der Blätter,
das sanfte Wehen des Windes,
ich spüre deine Lippen,
verberge meine Scheu, mein erstes Verlangen.
Du sagst,
wir werden nie mehr
auseinander gehen,
dann drehst du dich um, tust das,
was du tun musst.
Es ist dunkel,
die Nacht ist so schnell hereingebrochen,
wie das Erwachsenwerden meines Körpers.
Gestern habe ich bei deiner Berührung
noch nichts empfunden,
heute versengt sie mich erneut,
wie Feuer zu Asche.
Meine Weltsicht ist ver – rückt.
Meine Gedanken haben sich ver – irrt.
Ich bin wie toll,
meine Sinne denken nur an dich:
„Nimm mich".
Das Gefühl,
es verschlingt mich,
wie eine Welle des tosenden Meeres,
ich tauche ab,
werde hinunter gerissen,
hinauf geschleudert,

wieder herab gezogen,
glaube,
zu sterben,
doch dann werde ich unbarmherzig
zurück ans Ufer gespuckt,
ich fühle mich wie neu geboren,
zum ersten Mal
habe ich dich und mich erfahren,
bin über Nacht erwachsen geworden.

Nie mehr erwachen 17. 5. 2002, Für Waltraud

Ich wünschte,
ich würde nie mehr aus meinen Träumen
erwachen,
es könnte dann nie mehr vergehen,
Dein Lachen.
Ich wünschte,
ich könnte deine Gefühle
zu mir
festhalten,
ohne sie an den Alltag zu verlieren,
ich wünschte,
ich könnte die Zeit zurückdrehen und anhalten,
da, wo sie einst nur uns gehörte,
uns schützte,
uns einhüllte,
wie zwei Liebende in einen Kokon.

Uns niemand störte,
ich wünschte,
ich könnte immer nur dankbar sein,
für die Stunden,
die ich mit dir verleben durfte,
ohne Sehnsucht, Schmerzen und Leid.
Dann könnte ich aufhören zu wünschen…
Und endlich die Realität akzeptieren,
es ist vorbei.

Manchmal (Für Waltraud, 17. 5. 2002)

Manchmal höre ich noch dein Lachen,
und denke an die Augenblicke,
in denen ich alles gegeben hätte,
nur für dieses Lachen,
in denen ich gebetet habe,
es möge niemals mehr verklingen,
manchmal sehe ich in deine Augen,
so wie sie früher glänzten und funkelten,
vor Liebe und Leidenschaft,
vor Sehnsucht und Verlangen,
manchmal spüre ich noch deine Haut,
dann kommen mir die Tränen,
weil ich sie nie mehr anfassen,
nie mehr mit ihr verschmelzen werde.
Manchmal fühle ich noch deine Küsse auf meinen
Lippen,

nass, feucht, unstillbar,
dann ist es mir, als ob ich dich schmecke,
spüre, rieche…. Du bist mir ganz nah.
Manchmal träume ich von Dir,
dann erleben wir etwas gemeinsam,
rufen uns,
laufen weg, verstecken uns voreinander,
und finden uns wieder,
einander in die Arme sinkend.
Manchmal wünsche ich,
die schönsten Stunden mit dir,
noch einmal zu erleben,
nur noch ein einziges Mal,
doch dann werde ich zurückgeholt,
ich erwache und höre die Distanz in deinen Worten von
heute,
die Entfernung in deinen Gefühlen,
die Entfremdung zu meinem Leben,
das Desinteresse und die Schärfe in deiner Stimme.
Dein Lachen, es scheint für immer erloschen.
Ich muss schmerzlich erkennen:
„Du liebst mich nicht mehr." (Für Waltraud, 17. 5. 2002)

Leben wie ein Kind (für mein inneres Kind,29.05.2004)

Wie ein Kind auf Reisen,
so springst du durchs Leben,
Deine Wünsche und Träume trägst Du

Zum Blumenstrauß gebunden in Deiner Hand,
wenn Dir danach ist,
machst Du sogar einen Handstand.
Deine großen, blauen Kinderaugen
schauen nicht auf Wegweiser,
nein, sie schauen auf lachende Augenpaare,
die Dir den Weg zeigen.
Verbotsschilder reizen Dich zum Widerstand.
Was Du nicht kriegen kannst,
willst Du gerade haben.
Am Fuß trägst Du zwei Narben.
Und das Leben schaut Dir
Vom Wegesrand aus
Kopfschüttelnd zu!

Für Cornelia – Maria P.(Supervisorin, Coach, bei meiner
Ausbildung zur Supervisorin und Coach in Witten Herbede)

Bisher habe ich nur
Deine Oberfläche berührt,
Du zeigst mir eine perfekte Beraterrolle,
spiegelst meine Wünsche,
paraphrasierst meine Gedanken,
bestätigst meine Vorstellungen,
immer nur telefonisch, am Handy.
Doch verdammt noch mal,
ich will keine Therapeutin,
ich will Dich,

Deine Schwächen,
Deine Ängste,
Deine Sehnsüchte,
Deine Vorlieben
kennenlernen,
Du interessierst mich,
als Frau, als Mensch, als Lesbe.
Wenn ich Dich als Therapeutin wollte,
würde ich Dich bezahlen,
kann ich Dich auch buchen,
wenn ich mit Dir schlafen will?
Nein?
Das hab ich mir gedacht,
war auch nur ein Scherz,
dafür hab auch ich zu viel Herz.

Nell

Ich bin nicht traurig,
aber ich weine,
ich bin nicht müde,
aber ich gehe ins Bett,
ich bin nicht alleine,
aber ich will zu Dir,
ich bin voller Freude,
aber du siehst sie nicht,
ich will mich Dir hingeben,
aber Du willst mich nicht,
ich bin nicht verrückt,

nur beglückt.
Denn ich weiß, was Du in mir ausgelöst hast,
hab ich nur drei Mal im Leben erlebt,
Du bist das dritte Mal.
Ich werde dich immer mögen….

Ein Leben in Bildern

Deine Worte sind wie kleine Lichtpunkte,
die am Ende ein Bild ergeben,
das die Leichtigkeit und Farbigkeit
des Impressionismus erlebt,
Du malst mir Dein Lebenswissen
In Bildern.
Und doch sind es meine
Gedanken und Fragen,
mit denen solch ein Bild beginnt,
die den Farbton mitbestimmen.

Vertrautsein

Sich im Du sehen,
hineinschauen,
verwundert über die Gleichheit,
und doch ein Gespür haben für die Differenz,
den anderen Geruch,
die andere Konsistenz.

Vertrautsein
In zwei Welten leben,
sich über Bilder und Brücken bewegen.
Im Tosen des Wassers,
die Tiefen der anderen erahnen,
Vertrautsein,
die Fehler der anderen tolerieren,
die eigenen einsehen,
Steine aus dem Weg räumen,
um sie am Ende
als Wegweiser zum Du zu erkennen.
Vertrautsein,
sich freischwimmen,
in der Tiefe der Seelen.
Im Sonnentau des Morgenerwachens,
eine fremde Welt besuchen,
vielleicht, um wieder neu anzukommen.

Unsere junge Liebe

Wie eine Knospe zeigst Du Dich,
zunächst verschlossen,
langsam und abwartend taste ich mich zu Dir vor,
nähere mich behutsam an,
beobachte Dich,
erforsche Deine Umgebung,
Deine Heimstadt.
Noch ahnst Du nichts,

langsam und zögerlich wendet eine Blüte ihren Kopf,
als sähe und höre sie erst hin,
wer vor ihr steht.
Als nehme sie erst wahr,
was vor sich geht.
Zunächst verschwommen,
dann ganz klar,
Stille,
es ist für sie alles sonderbar.
Es dauert lange, bis sie sich zu mir umdreht,
die Zeit vergeht.
Sie sich zuwendet,
sie fühlt sich geblendet,
verschließt sich sogleich wieder,
Liebe prasselt auf sie hernieder.
Sie wartet,
die Zeit vergeht,
über ihr wölbt sich ein Regenbogen,
da endlich,
öffnet sie sich wieder,
Kinder singen Sommerlieder.
Tautropfen fallen frühmorgens von ihrem Kleid,
ich bin sicher,
bald ist es soweit,
dann will auch sie nicht mehr warten
und öffnet die Türen zu ihrem Knospengarten.
Von der Sonne durchflutet,
in allen Farben schillernd,
genießt sie ihre offene Blüte

die Pracht ihrer Düfte,
die Einzigartigkeit ihrer Worte,
die Vielfältigkeit ihrer Bilder,
die Unverwechselbarkeit
ihrer Art zu lieben.   (25.5. 2004)

Die Sprache der Liebe

60 Sekunden „Berührung" für
1 Sekunde „Vergehen",
60 Sekunden „Leiden" für
1 Sekunde „Leidenschaft"
60 Sekunden „Warten" für
1 Sekunde „Kommen".
60 Sekunden „Frust" für
1 Sekunde „Lust"
60 Sekunden „rosa-rote Träume" für
1 Sekunde „Realität"
60 Sekunden „Begrüßung" für
1 Sekunde „Abschied"
60 Sekunden „Wünsche" für
1 Sekunde „Erfüllung".
1 Sekunde mit Dir,
wann endlich kommst Du zu mir?

Pure Lust

Ich sehe es in Deinen Augen,
sie blitzen mich an,
verschlingen mich,
totales Verlangen,
auch ich will Dich,
verzehrende Leidenschaft,
heißes Begehren,
endlich sind wir allein,
von unserer Lust getrieben,
haben wir nur einen Gedanken,
wo können wir uns lieben.
Schon fliegen die Kleider,
getrieben von unserer Lust,
fallen wir übereinander her,
begierige Körper im Sinnenmeer.
Spüren unseren rasenden Atem,
liegen eine Weile ganz still,
bis zur Schmerzgrenze angespannt,
ich hauche dir ins Ohr, ich will,
dann genießen wir unsere Lust,
berühren unsere Haut,
wie mit Sekt getraut,
erforschen jede Falte der anderen,
küssen, riechen und schmecken einander,
können nicht genug kriegen,
fliegen,
wollen uns immer wieder lieben,

wie im Rausch vergeht die Zeit,
dann bin ich bereit,
ein gellender und langer Schrei,
jetzt ist es vorbei.
Wir sind entrückt in eine andere Welt,
schon liebst du mich wieder aufs Neue,
so lange, bis draußen die Vögel zwitschern.

Speichelreflex

Schweres, ungeduldiges Getriebensein,
leichtes Träumen,
bunte, romantische Bilder,
Wehmut,
Verlangen,
verzehrende Leidenschaft,
wann kommst Du?
Ich höre Deine Stimme im Handy,
ich sehe in Gedanken Dein Lachen,
Du
Deine Stimme,
Deine Bewegungen,
Deine kreative Unruhe,
Deine ungestüme Art,
Du,
wann kommst Du?
Ich warte,
arbeite,

sitze am Computer,
schreibe,
spiele Tennis,
dusche,
schlafe,
mit Dir?
Bei jedem Klingeln zucke ich zusammen,
reagiere wie ein Pawlowscher Hund
mit dem Speichelreflex,
Du?
Dann, endlich,
Du schickst mir eine Mail,
ein Lebenszeichen von Dir,
ein Lichtblick,
unser erstes, jungfräuliches Treffen,
allein, ohne die Gruppe.
Der Anfang ist immer am schönsten.
Nur Du und ich.
Du mit einem Pawlowschen Hund?
„Oh, liebe Göttin,
hilf, dass ich in ihrer Gegenwart
meine Sprache wieder erlange,
und meine Säfte unter Kontrolle bringe.“

Ein weiteres Vielleicht

Vielleicht werden wir uns bald treffen,
dann könnte alles ein Anfang sein.
Vielleicht willst du mich auch gar nicht sprechen,
dann würde ich traurig sein.
Vielleicht musst du die Frau erobern,
dann habe ich alles falsch gemacht.
Vielleicht brauchst du einfach nur noch mehr Zeit,
dann werde ich abwarten.
Vielleicht bist du gedanklich ganz woanders und zu gar
nichts bereit,
auch dann warte ich und lass Dir die Zeit.
Vielleicht willst Du Dich mir niemals zeigen,
sag, wie kann ich Deine kühle Distanz zum Schmelzen
bringen,
wenn ich wissen will,
was du denkst,
fühlen will,
was Du fühlst,
teilen will,
was Du teilst,
erinnern will,
was du erinnerst,
wissen will,
was du weißt,
schmecken will, was du schmeckst….

Unvergängliche Augenblicke (Für Heike,
Landschaftsgärtnerin, Zülpich, Frauenferien-Bildungshaus
30.9. – 5. 10. 2007, unerfüllte und ungelebte Liebe)

Heike

Sie ist ungestüm und wild,
aber auch extrem sanft und mild,
ihr Lachen erinnert an die Leichtigkeit eines Kindes,
ihr Gang an die Schnelligkeit des Windes.
Ich sehe, wie sie mit der Motorsäge Eichen fällt,
dann wieder, wie sie mich beim Tanz in den Armen
hält.
Ich bin gekommen, melancholisch und schwer,
sie machte mich heiter und leer.
Ich erinnere, wie sie mich spontan im Garten aus der
Gemeinschaft löst,
und mich auf eine Eberesche stößt,
wie sie dabei laut und durchdringend lacht,
dass dabei auch die schläfrigste Frau im Beet erwacht.
Wie sie mich beim Rundgang umarmt und mir ganz
plötzlich ein Küsschen gibt,
als sei sie in die ganze Welt verliebt.
Sie ist offen und verschlossen zugleich,
zupackend, führend, und dann wieder ganz weich.
Mit Ihrem Stier – Venus - Charme macht sie unser
Leben reich,

fruchtbar wie der Herbst,
zäh wie der Winter,
wunderschön wie der Frühling
und heiß wie der Sommer,
genau das ist der Vergleich,
also sag mir, wie heißt sie sogleich? (9.10. 2007)

Wer bist Du?

Dein Gesicht unter modisch verstrubbelten Locken,
signalisiert feminine Einfühlsamkeit.
Du wirfst den Kopf zurück und knipst Deinen Charme
an, -
eine emotionale Kernschmelze.
Du bist nicht nur unbeschreiblich weiblich, nein, du
bist so viel mehr…
Kaum vorstellbar, wie Du mit Deinem drahtigen
Körper eine kreischende Motorsäge schwingst,
und damit den dicksten Baum bezwingst.
Selbstbewusst und ungestüm kommst du in deinen
Gartenstiefeln daher,
verwandelst Asphalt in blühende Auen,
als wenn das gar nichts wär..
Täglich rodest, baust, kultivierst und gestaltest um,
staunende Blicke verfolgen Dich stumm.
Beim Tanzen willst Du lieber führen,
diese Rolle liegt Dir mehr,
den Frauen zum Genuss und Dir zur Ehr.
Den Augenblick bannend hör ich sie rufen:

Verweile doch, Du bist so schön,
bevor wir hurtig auseinander geh´n.
Für eine Weile hatten wir das Gefühl,
die Welt, und was sie im Innersten zusammen hält,
ein bisschen besser zu versteh´n.   (11. 10. 2007)

Der Engel

Gelockt ihr Haar,
androgyn ihre Gestalt,
ebenmäßig ihr Gesicht,
kristallklar ihr Lachen,
nicht von dieser Welt,
ihre Augen,
hell ihre Stimme,
tief ihre Gedanken und sanft ihre Berührungen.

Die Unruhige

Leicht wird sie abgelenkt,
schnell gelangweilt,
strebt sie nach Neuem,
begehrt das Schöne,
flieht das Vergängliche,
und fürchtet das Alte.

Die Gärtnerin

Sie gräbt und sät,
topft um und bepflanzt,
lässt sie erblühen und sieht zu,
wie sie welken,
zu Humus zerfallen,
den Frauen und den Nelken.

Die Försterin

Grün ist ihre Farbe,
ich sehe, das Leuchten der Bäume auf einer hell
schimmernden Lichtung,
es erstrahlen die saftigen Wiesen,
die zwischen den dunklen Sträuchern
hindurchschimmern.
Tannennadeln blitzen auf,
Blätter in allen Tönen,
in ihrem Forstanzug durchstreift sie den Wald,
irgendwo bläst das Horn zur Jagd,
Hunde stürmen voran,
sie haben Spur aufgenommen,
Das Wild stobt auseinander,
sie jagen hinter ihm her,
der erste Schuss ertönt,
unerbittlich fällt ein Jungtier zu Boden,
Blut strömt aus seiner Wunde,
die Jägerin eilt herbei,

das Tier zu bergen.   23.10. 2007

Die Landschaftsarchitektin

In ihrem weißen Helm steht sie zwischen Lehm und
Geröll,
große Betonmauern türmen sich vor ihr auf,
ein fließender Bach in grünen Auen nimmt seinen
Verlauf,
Bagger preschen bedrohlich nach vorne,
reißen Mutter Erde den Bauch auf,
tragen Humusboden ab,
zerstören die ökologische Nische von Millionen
Lebewesen,
füllen Sand und Kies ein,
der Fahrer denkt an die letzte Nacht mit seiner Frau,
wird er sie auch wegwerfen und zerstören?
Dann kommt sie durch das Dickicht,
durchschreitet anmutig den Lehmboden,
untersucht die Abgrenzungsmarkierungen,
ermahnt die Männer zur Eile,
die gelangweilt ihr Bier trinken,
übt Kritik, lässt ihren Charme spielen,
schützt, bewahrt und hofft,
den Wald doch noch zu retten?

Die Erdige

Fest sind ihre Werte,
klar ihre Standpunkte,
 artikuliert ihre Worte,
schnell kommt sie zur Sache,
will Fakten schaffen,
da, wo andere sich nicht aufraffen,
braucht Materie,
das unmittelbar Fassbare,
die Liebhaberin aus Fleisch und Blut,
nicht in ihrer Fantasie,
sondern auf ihrem Landgut.
Nicht nur an Wochenenden,
sondern täglich,
wenn sie da ist, dreimal am Tag,
denn Sex und Sinnlichkeit sind Bedürfnisse,
die zu ihr gehören, wie das Blatt zum Baum,
Sie bewahrt, beschützt, baut auf und hält fest,
da, wo andere loslassen und weitergehen.
Sie steht für Stabilität und weiß auch,
dass die Fundamente wichtig sind,
an denen sie ruhig baut,
auf die sie vertraut,
weiß zu beschützen ihr Kind,
ihre Frau, ihre Geliebte, trotz Gegenwind.
Sie wird begehrt von so vielen Frauen,
die an die denken,
es wäre einfach zu schade,

würde sie sich nur an eine verschenken.

Verliebt-Sein

Genießen
ohne zu bereuen,
begehren,
ohne süchtig zu werden,
in der Ekstase schreien,
ohne sich zu kontrollieren,
wahnsinnig sein,
ohne durchzudrehen.

Begierde

Die Flammen Deiner Seele entzünden mich,
bitte lass mich jetzt nicht im Stich,
die Impulse des Lebens tanzen im goldenen Feuer,
Du liebst mich mit solch einer Macht,
dass die Erde erzittert und der Himmel erwacht,
Deine Gestalt ist die androgyne Weiblichkeit,
die Blüte deines Leibes, ein Kelch der Sinnlichkeit,
die für die Grundlage des Wachstums steht.
Deine Hitze bringt meine Säfte zum Kochen
Begierde treibt unsere Körper in die totale Ekstase.
Ungeduldiges Verlangen fließt der totalen Ausdehnung
entgegen,
der Höhepunkt ist erlösend und überwältigend,
erschöpft sinken wir einander in die Arme.

Flammen der Sehnsucht

Erst glimmen sie unbemerkt und ruhig vor sich hin,
eine unscheinbare Glut, dann -
ein Hoffnungsschimmer,
Flammen der Begierde kochen hoch,
ungeduldig, alles verschlingend,
werden sie zu heißem Feuer,
das sich in der Leidenschaft
immer wieder aufs Neue entflammt,
alles gierig versengt,
den Kopf leer werden lässt,
wild und unberechenbar ihre Funken versprüht,
in alle Richtungen, verteilen sich, strahlen nach,-
ewiglich?
Nein, auch das heißestes Feuer erlischt, - irgendwann,
zurück bleibt graue Asche,
kalt und tot,
vom stärksten Wind nicht mehr zu entfachen.
Zurück bleiben Erinnerungen:
an Deine gelebte Sehnsucht
und die Brandwunde der Liebe in deiner Seele!
23.10 2007

Die Töpferin

Sie ist keine Philosophin,
ihre Einsichten beruhen auf praktischer Erkenntnis.

Sie ist die Frau der Tat,
sie fühlt gerne die lehmige, glitschige Erde,
wie sie in ihren Händen liegt,
ihre Gestaltungskraft herausfordert,
ihre Sinne anregt.
Sie muss alles riechen, schmecken, ertasten.
Im Bett entwickelt sie sich zum Dauerbrenner,
bringt dich an die Grenze deiner Kernschmelze,
seelisch wie körperlich.
Du machst keine großen Worte,
sondern küsst einfach,
verhalten, - leidenschaftlich,
weißt um deine Wirkung,
um die Kraft deiner Ausdauer,
deinen Charme und dein Talent,
dich für immer zu binden,
denn alle Lust will Ewigkeit,
will tiefe, tiefe Ewigkeit.

Der Löwe

Stolz, herrschaftlich,
faul und selbstgefällig waltet er über sein Reich,
jeden anbrüllend,
der seine Ruhe stört,
seine Trägheit irritiert,
seinen Schlaf unterbricht.
Er bleibt distanziert,
behält die Kontrolle,

den Überblick, die Macht,
aber wehe, sein Zorn wird entfacht,
Sein Interesse reicht gerade so weit,
wie sein Fresstrog.
Am liebsten würde er den ganzen Tag
In der Sonne liegen,
nur seine Bewunderer dürfen ihn lieben.

Die Stierkuh

Sie ist urweiblich,
Urgöttin, Matriarchin.
Materie ist ihre Schöpfung,
sie ist mater, die Mutter,
sie will sichern, vereinnahmen, umsorgen, genießen,
sie lässt das Wasser in die Ozeane fließen,
alles in den Gärten sprießen,
lässt wachsen und gedeihen,
sie nährt alles an ihrem Busen,
ist der Anfang und das Ende,
Alpha und Omega.

Die Steinziege

Sie arbeitet unermüdlich,
fokussiert auf ihr Ziel,
räumt alle Schwierigkeiten beiseite,
sitzt mit unbeschreiblicher Geduld
jeden Widerstand aus,

weil sie den längeren Atem hat,
denn sie kann warten und weiß,
wer zuletzt lacht,
gewinnt,
schließlich kommt sie als einzige ans Ziel,
alle anderen haben aufgegeben, haben nicht die Kraft,
nicht ihre Energie.

Die Lebenslustige Jägerin: Artemis

Offen, draufgängerisch und schnell,
bewegt sie sich in ihrem Jagdfell.
Nimmt Eindrücke auf,
geht auf Menschen zu,
schließt Freundschaften,
schießt Amors Pfeile ab,
genießt das Leben in allen Facetten,
saugt es tief in sich ein,
denn sie weiß,
alles wird vergänglich sein,
schon morgen wird nichts mehr so sein wie heute,
das gilt auch für jedes noch so schöne Wild, für all ihre
Beute.

Die Romantische

Sie ersinnt den Rahmen,
das Kerzenlicht, die Musik, den gedeckten Tisch,
das Essen, - ganz frisch.

Dann lenkt sie alles Stilvoll in Bahnen,
will dich mit ihrem Charme umgarnen,
langsam verführen,
Dich sanft und zufällig berühren,
Du spürst ihre Küsse auf deiner Haut,
mit Sekt getraut,
das Telefon schellt, -
jetzt ist alles versaut.

Oh Du Schöne

Du bist keine Schönheit, mit Prima-Donna- Attitüden,
keine verwöhnte Göre,
mit „Fass mich nicht an" Ritualen.
Du bist naturverbunden,
unzivilisiert und wild,
nicht korrumpierbar,
sondern eigenwillig dominant,
Du sagst, wo es lang geht,
forderst heraus und prüfst,
das hat Bestand.
Du gibst Dich hin,
wenn Du sicher bist,
erst dann, wenn die andere sich hingibt,
Du lässt dich ein,
wenn Du Dich angenommen fühlst,
wenn Du einen Rahmen hast,
in dem Du Stabilität fühlst.
Du brauchst körperliche Nähe,

nicht nur gedankliche Höhenflüge auf dem Papier,
sondern ganz reale Orgasmen,
Du willst das Wir,
das heißt, lieber den Spatz in der Hand,
als den großen Vogel,
der sich nicht vögeln lässt.

Neue Liebe

Du wachst auf,
und sie ist in deinem Kopf,
noch fast im Halbschlaf,
einfach so,
siehst, hörst , riechst und schmeckst Du sie,
in deiner Fantasie,
spürst sie auf deiner Haut,
mit Sekt getraut,
drängend, fordernd, vereinnahmend,
doch gleichzeitig ruhig und gelassen,
offen und frei,
Deine Liebe schenkend,
mit Deinem Charme, Deiner Art,
ganz rein,
das Leben, es kann so einfach sein.

Die Häutung

Du fühlst es ganz plötzlich,
es ist einfach da,

so selbstverständlich wie zwei Knospen
die irgendwo aufbrechen,
es werden unbekannte Seiten aktiviert,
lassen Gefühle fließen,
Träume entstehen,
Ich lasse mich vom Leben tragen,
wie von den Klängen eines herrlichen Musikstückes,
mache mit ihnen die Erfahrung einer Wanderin,
auf noch unbekannten, neuen Pfaden,
kann jetzt sagen:
nach all meinen Irr – und Umwegen,
jetzt bin ich Zuhause angekommen,
bin bei mir,
ach Göttin, ich danke dir,
Es riecht nach Lebensfreude,
die Farbe der Gegenwart leuchtet intensiver als zuvor,
die Duft der Kindheit und die Glücksmomente,
sie verschmelzen erneut mit meiner Seele
und durchströmen mich gleichzeitig,

Kennenlernen

Es ist so schön, von Dir nach und nach mehr zu
erfahren,
von Deiner Kindheit, Deinen erlebten und zerplatzten
Träumen,
Deinen Erfahrungen, die Dein Leben säumen,
es ist so schön,
wenn Du langsam meine Hand nimmst,

Dich traust, mich zu berühren,
voller Vorfreude, mich nackt zu verführen,
Du saugst mich mit all Deinen Sinnen auf,
offen, neu und unvoreingenommen,
so hat alles einmal begonnen,
neu, unberührt und unschuldig,
Dein Lachen, Deine Stimme, sie verschmelzen für mich,
ein sphärisches Musikstück,
wir lauschen unserem holden Glück,
wenn ich wieder die Augen öffne,
ich bin noch nicht ganz wach,
dann weiß ich, ach,
es ist geschehen,
und ich hoffe, es bleibt für immer bestehen,
ich rufe entrückt den fliehenden Augenblick nach:
„Verweile doch du bist so schön",
nie mehr will ich mit Dir auseinander gehen,
und doch weiß ich, mein Bewusstsein spielt mir einen Streich,
auch wir werden vertrieben aus unserem Königreich.

Vorfreude

Ich freue mich so sehr,
das erste Mal durch deine weichen Engelslocken zu streichen,
meine Nase darin einzugraben, und Deinen Duft einzuatmen,

ich freue mich,
deine Lippen zu spüren,
deine Zunge zu berühren,
wenn unsere Schmetterlinge im Bauch mit den Flügeln
schlagen,
als wollten sie sagen:
„Komm, nimm mich, ich bin bereit,
heute Abend ist es soweit,
ich will mich Dir ganz hingeben,
bis unsere Körper zusammen erbeben,
eintauchen in Deine Scham,
bis Du laut aufstöhnst,
weil ich in Dir kam.

Liebe

Sie weckt unsere Phantasie,
verschafft uns Zugang zu den Bildern unseres
Unbewussten,
gewährt Schutz vor äußeren Gefahren,
reißt uns nicht in den Abgrund,
sondern bringt uns zu uns selbst zurück,
lockt mit Angeboten voller Glück,
heilt Wunden, die uns das Leben geschlagen hat,
verwandelt uns,
ist ein Einstieg zu unserer Selbstentwicklung.

Die Sanguinikerin

Leichtfüßig, mit einem Glas Sekt in der Hand,
schlendert sie durch die illustre Gesellschaft,
bleibt hie und da stehen,
berührt aus Versehen,
die Seelen der Menschen,
wirft ein paar Bemerkungen in die Runde,
oft überspitzt, sarkastisch, ironisch,
in ihren Ansichten konsequent,
in jedem Fall mutig und eloquent,
die Gesichter sie hellen sich auf,
es ertönt ein befreiendes Lachen,
und schon ist sie wieder unterwegs,
locker, leicht, unbekümmert, fast ein wenig schwebend,
immer gleich belebend,
doch keiner ahnt,
dass sie die Leichtigkeit ihres Seins,
aus der Tiefe ihrer Liebes – und Leidensfähigkeit
gewonnen hat,
denn sie erfuhr die Gnade,
nur für den Bruchteil einer Sekunde,
dem Tod begegnet zu sein,
und ist sich deshalb stets bewusst,
wie vergänglich alles ist,
denn sie weiß: „Humor ist, wenn man trotzdem lacht.“

Lust

Du bist so interessant,
ich schau in Deine Augen und bin wie gebannt,
ich höre Dein Lachen und bin entrückt,
von Deinem Charme ganz verzückt.
Komm mit zu mir und lass Dich entführen,
ich will endlich Deine Nähe spüren,
Deinen Atem aufsaugen,
Deine Haut entdecken,
Dich mit meiner Zunge lecken,
Deine Unsicherheit mit meiner Stetigkeit zudecken.

Meinem Rektor zum Abschied 2018

Schwarzbach hatte seit 16 Jahren einen Rektor,
wie war er denn auf seinem Sektor?

Er trug oft einen Scherz auf den Lippen,
im Gang sah man ihn forsch wippen,
sein Denken war schnell, sein Reden noch schneller,
ein Oberpfälzer, - ein besonders heller.

Doch er konnte nicht nur lachen und scherzen,
sondern trug die Belange der Schule stets im Herzen.
Kinder liebten seine heitere Art,
Kollegen brauchten seinen kompetenten Rat.

Er kämpfte für Ganztagsschulen mit großem Elan,

doch damit war es nicht getan,
er scheute nicht davor zurück, sich mit allen
anzulegen,
wollten diese seine Schüler nach Schmidgaden
verlegen.

Kinder lernen hier auf hohem Niveau,
mit überdurchschnittlichen Noten sowieso.
Und wie hielt er es mit der Integration?
Er war für die Preußen! – Eine Sensation!!!

Und denkt mal, er konnte diese sogar verstehen,
und auch jene freuten sich immer, ihn zu sehen.
Seine humorvolle Art und sein Lachen waren legendär,
seinen beweglichen Geist mochten alle sehr.
Für manche war er auch zu schnell,
sie waren eben nicht alle so hell.

Mit Ihnen, Herr Schuster, hatten wir eine gute Zeit.
uns viel die Arbeit mit Ihnen recht leicht.

Sie waren uns Vorbild und Begleiter,
für manche gar ein Wegbereiter.

Sie waren sich Ihrer pädagogischen Verantwortung
stets bewusst,

Ihr Weggang ist für uns ein herber Verlust.
Wir werden immer an Sie denken,

und in Ihrem Geiste die Schule weiter lenken.

Und irgendwann in diesem Land
kommt auch zu uns der Ruhestand.
Wir wünschen Ihnen jetzt alles Gute,
Gesundheit, Glück und Heiterkeit bis zur letzten
Minute.
Ihr Arbeitsplatz, er ist noch leer,
das einzusehen fällt mir besonders schwer.
Für Sie beginnt nun ein neues Leben,
ohne Schulamtsstress und Bürokratenstreben
Der Schulalltag er ist vorbei,
jetzt endlich haben auch Sie jeden Tag schulfrei.

Vita der Autorin

Die Autorin Martina Arnold (ein Pseudonym) wurde
als uneheliche Tochter einer emanzipierten,
kunsthandwerklichen und begabten Modedesignerin
und Unternehmerin, die nie geheiratet hat, in einer
Kleinstadt im Ruhrgebiet geboren. Mit 9 Jahren kam
sie in ihr erstes Internat, ein Mädchen-Internat, 1978
legte sie mit 19 auf dem zweiten Internat, einem
Schloss, das Abitur ab. Danach reiste sie 6 Monate
durch die USA. 1979 studierte sie Deutsch und
Geschichte auf Lehramt in Dortmund. Ihr Großvater
und ihre gesamte Familie mütterlicherseits waren fast
ausschließlich bis ins 16. Jh. PädagogInnen, das

dokumentiert eine Familienchronik, die von der Schwester ihres Großvaters, einer Rektorin des Oberlyzeums in Essen, angefertigt wurde.

Ihr Vater, ein Diplomwirt und Elektroingenieur, musste die Vaterschaft nach einem erbbiologischen Gutachten anerkennen, als sie 3 Jahre alt war. Nach dem Tod ihrer Mutter (mit 70), Martina war 30 Jahre alt, hatte sie mit ihrem Vater häufigeren Kontakt, und sie unternahm sogar seine letzte Schiffsreise mit ihm.

Die Dichterin unterrichtete 35 Jahre als Lehrerin an verschieden Grund- und Mittelschulen des Landes alle Fächer, - in den letzten Jahren hauptsächlich Musik, Kunst und Ev. Religion.

Sie schrieb bisher 11 Bücher zu den unterschiedlichsten Themen, und lebte mit einer wirklich großen feministischen Schriftstellerin, fast 40 Jahre zusammen. Der vorliegende Poesie – Band ist ein Konglomerat ihrer Gedichte, die sie mit 14, 18, 20, 23, 30, 32 und 48 Jahren angefertigt hat. Sie sind aus ihr heraus geflossen, oder auch: Die Worte sind ihr zugeflogen, da ihre leidenschaftlichen Gefühle nach einer Ausdrucksform suchten.

Sie wünscht sich, dass viele Frauen und Männer Freude daran haben, ihre Gedichte zu lesen und sich vielleicht auch ein Stück weit darin gespiegelt sehen.

Zumindest aber möchte sie zum Nachdenken anregen und dazu, eigene Gefühle in Worte zu fassen, denn das hilft, egal wobei!

„Handeln
Ist das Gegenmittel
Zur Verzweiflung."

Joan Baez, US-amerikanische Folksängerin

„Andersdenkende sind die Zukunft"

Ruth Bader Ginsburg, 1933 – 2020 Juristin und Richterin am Supreme Court

„Die Liebe ist eine Geschichte mit immer neuen Fortsetzungen."

Daphne du Maurier 1907 – 1989, Britische Schriftstellerin

„Das Ziel von Kunst ist,
das Menschliche im Menschen zu steigern."

Swetlana Alexijewitsch, geb. 1948, Weißrussische
Schriftstellerin

Loslassen:
Etwas niederlegen, ohne es als
Niederlage betrachten zu müssen.
Henriette Hanke (1785 – 1862)

Deutsche Schriftstellerin